Karl Lauterbach liebt Eisbein mit
Suppengrün
Von berittenen Zuchtebern und
Haustierschnecken

AF284880

Herold zu Moschdehner

# Karl Lauterbach liebt Eisbein mit Suppengrün

## Von berittenen Zuchtebern und Haustierschnecken

Bibliografische Information der Deutschen
Nationalbibliothek
Die Deutsche Nationalbibliothek verzeichnet
diese Publikation in der Deutschen
Nationalbibliografie; detaillierte bibliografische
Daten sind im Internet über http://dnb.d-nb.de
abrufbar.

ISBN   9783755712039

14,99 Euro

**Karl Lauterbach** ist keine Lichtgestalt, aber er leuchtet. Er ist ein Held der Pandemiebekämpfung und ein Verlierer der Wahrheit. Es gibt eigentlich nur das Bild von ihm, dass die vielen Pressekonferenzen und Talkshowbesuche zeichnen. Dieses Buch ändert es  und streut einen Konfettifacettenregen auf die Seiten.
Viel Genuss wünscht
Herold zu Moschdehner

Als junges Kind erschien ihm der heilige Nikolaus und trug ihm auf, brav zu sein und der Welt viel Freude zu bereiten.

Karl mag keine geschlossenen Türen. Auch daheim hat er nur geöffnete Türen um sich. Die Haustür ist nur angelehnt. Es ist eine Art Tick, der ihm ständig Schwierigkeiten macht. Besonders in Hotels ist dies fast unmöglich, aber ein zerknülltes Handtuch auf der Türschwelle wirkt Wunder.

Karl Lauterbach hatte schon 18 mal Corona.
Freigetestet hat er sich nie. Kann also sein, dass er
durchgängig Corona hatte.

Sein Lieblingsanmachspruch:
„Kann ich einmal ihren Impfausweis sehen?"
Wenn ein Frau oder ein Mann ihn herausholt, lächelt er
schmal und ergänzt: „Schade, dass ihre Handynummer
da nicht drauf steht".

Karl Lauterbach ist auf einem Bauernhof aufgewachsen und erlernte schon in frühen Jahren das Eberreiten. Hier wurden Zuchteber zugeritten und es gab regelrechte Schweinekämpfe auf den Höfen. Man nahm einen Stock, schwang sich auf ein Tier und lief auf ein anderes Tier samt Reiter zu und schlug, schlug, schlug.
Karl wurde sehr oft besiegt und landete stets mit dem Kopf auf die großen Bollersteine.

Helene Fischer ist in Lauterbach verliebt.

Karl vergisst ständig sein eigenes Geburtsdatum. Nie hat jemand mit ihm seinen Jahrestag gefeiert und somit wurde die Erinnerung verschleppt, da es keinen Impuls von außen gab.

Lauterbach schaut gerne TeenMom auf MTV

Wenn das Wetter gut ist schnappt er sich eine Mütze, setzt eine Sonnenbrille auf und geht mit seinen Kumpels die Kneipen unsicher machen. Er hat nicht viel Auswahl, weil er in den meisten Kaschemmen Hausverbot hat und je älter er wird, desto ungehobelter wird er. Bald wird er nur noch Zuhause trinken.

2002 hat er mal selbst ein Möbelstück zusammen,-
und/oder aufgebaut.

50% seiner Haare sind eingeflochtene Extensions. Leider stehen die immer schnell ab.

Momentan schreibt er simultan an drei Bücher:
1. Sandwürmer in mir
2. Gib mir, ich klau sonst
3. Pflegenotstand ist kein Pflegetotstand

Karl Lauterbach hat 3 Piercings und 2 großflächige Tätowierungen.

Im Jahre 2031 wird Lauterbach wegen Hochverrat angezeigt.

Seine Lieblingsspeise ist Eisbein

Als Haustier hält er mehrere kleine Schnecken. Diese hat er aus der Natur genommen und behandelt sie zärtlich und behutsam. „Meine Schnecken haben mich noch nie ausgelacht", meinte er einmal.

Bevor Lauterbach einen Vertrag unterschreibt leckt er erst einmal über das dafür vorgesehene Feld. Somit weiß er, dass da kein Film dazwischen ist und seine Unterschrift wirklich ins Papier wirkt.

Das er Amateurpornografie dem Hochglanzzeugs
vorzieht ist eine sehr sympathische Tatsache.

Er findet Ruhe in einem Wassertank mit Salzwasser. Hier vergisst er die Welt um sich herum und ist ganz bei sich. Sehr oft bleibt er in diesem Zustand hängen.

Bei Pressekonferenzen hat er in seiner Hosentasche einen kleinen Gummiball. Den drückt und massiert er, wenn er den Reportern antwortet. So bekommt er seine Aufregung in Griff.

Er hat eine Pigmentstörung am linken Innenschenkel in Form eines christlichen Kreuzes